Weihnachten

Penhaligon's
Duftende Bibliothek

A Merry
CHRISTMAS

WEIHNACHTEN

Herausgegeben von Sheila Pickles

Ins Deutsche übertragen
und bearbeitet von
Angelika Koller

arsEdition

Für meine Kinder James and Charlotte Rose
und meine Patenkinder Sarah, Louisa, Tamsin, Rupert,
Alice, Grace und Sarah, sowie zur Erinnerung an Rose
Sheila Pickles

Für meine Nichten und Neffen Christine, Peter, Susanne
und Roland, sowie Veronika und ihr Geschwisterchen,
das zum Winterende geboren wird
Angelika Koller

Einleitung

»In dulci jubilo,
Nun singet und seid froh!«

WEIHNACHTSLIED, 14. JH.

Liebe Leser,
Weihnachten ist eine Zeit der Kinder; sie erweckt in uns die Erinnerung an unsere Kindheit. Für mich war die Zeit um Weihnachten immer etwas Besonderes, und ich freue mich jedes Mal wieder darauf und genieße sie sehr. Ich vermute, das kommt daher, daß meine Schwester Susan und ich, als wir Kinder waren, Weihnachten als ein Fest voller Zauber erleben durften, und ich freue mich nun, diesen Zauber für andere ins Leben rufen zu dürfen.

Ich entsinne mich noch ganz genau jenes Gefühls der Erwartung, wenn wir als Kinder unseren Brief an den Weihnachtsmann verfaßten. Wir sehnten uns jede Minute nach dem Weihnachtstag. Dann schließlich war er da, und wir verbrachten ihn umgeben von Päckchen und neuen Spielsachen, es gab üppige Festmähler, Verwandtenbesuche und jede Menge Vergnügungen. Später, als ich erwachsen wurde, entwickelte sich der Weihnachtstag ein wenig zum Gegenteil. Vielleicht kommt es daher, daß Kinder von heute an Weihnachten zu hohe Erwartungen knüpfen. Ich weiß, meine Kinder wären ziemlich enttäuscht, wenn sie nur jenes schmale Bändchen unter ihrem Kissen fänden, über das Jo und ihre drei Schwestern in Louisa M. Alcotts

Roman sich so freuten. Welch ein Kontrast ist das, verglichen mit der Goldgräberstimmung, die in manchen Häusern an Weihnachten herrscht. Ich glaube nicht, daß dabei mehr Freude aufkommt. Aber ich stimme Dickens zu, der sagte, wer Weihnachten nicht mag, müsse eine Art Menschenfeind sein. Ich denke, wer sich von Weihnachtsliedern nicht rühren läßt, sich nicht freut, wenn er eine Silbermünze in seinem Kuchenstück findet, der hat keinen Sinn für die schönen Seiten des Lebens.

Bei all dem Schenken und Feiern vergißt man heute mitunter den eigentlichen Hintergrund des Weihnachtsfestes, an den niemand besser erinnert als John Betjeman. Ich finde, Weihnachten ist eine wunderbare Gelegenheit, Freunden zu danken, zu zeigen, daß wir jemand schätzen, und Zeit mit der Familie zu verbringen. Dazu gehören all die schönen Bräuche wie Plätzchenbacken, Christbaumschmücken, den Weihnachtsmann erwarten und Päckchenpacken. Ich habe dieses Buch den Kindern gewidmet in der Hoffnung, daß die Weihnachtsfreude dauerhaft in ihre Herzen einzieht und die Weihnachtsglocken immer darin läuten werden.

Sheila Pickles, Yorkshire 1989

Altes Kaminstück

Draußen ziehen weiße Flocken
Durch die Nacht, der Sturm ist laut;
Hier im Stübchen ist es trocken,
Warm und einsam, stillvertraut.
Sinnend sitz ich auf dem Sessel,
An dem knisternden Kamin,
Kochend summt der Wasserkessel
Längst verklungne Melodien.
Und ein Kätzchen sitzt daneben,
Wärmt die Pfötchen an der Glut;
Und die Flammen schweben, weben,
Wundersam wird mir zumut.

Heinrich Heine (1797-1856)

FRAU DEZEMBER

Es herrschte eine schneidende Kälte, der Himmel war sternklar, kein Lüftchen regte sich. Da kam mit »Trarateratera« die Post dahergefahren. Als die große Postkutsche vor dem Stadttor hielt, konnte man erkennen, daß sie voll besetzt war. Zwölf Personen brachte sie mit …

Schließlich kam als letzter Passagier ein altes Mütterchen: die Frau Dezember. Sie fror, aber ihre Augen strahlten wie Sterne. Im Arm trug sie einen Blumentopf, in den sie ein Tannenbäumchen gepflanzt hatte. Den wärmte sie liebevoll mit einer Wärmflasche. »Diesen Baum will ich hegen und pflegen«, sagte sie, »damit er gedeiht und bis zum Heiligen Abend groß wird, so groß, daß er vom Boden bis zur Decke reicht. Wenn er dann geschmückt dasteht mit flammenden Lichtern, Goldnüssen, bunten Kugeln und vielen Figürchen, hole ich das Märchenbuch heraus und lese daraus vor, bis alle Kinder im Zimmer mucksmäuschenstill dasitzen. Die Figürchen am Christbaum aber werden lebendig. Der Rauschgoldengel auf der Spitze breitet die Flittergoldflügel aus, fliegt von seinem grünen Sitz herunter und gibt jedem, Großen wie Kleinen, einen Kuß, auch den Kindern, die als Sternsinger draußen auf den Straßen das Weihnachtslied vom Stern über Bethlehem singen.«

AUS: HANS CHRISTIAN ANDERSEN (1805–1875),
ZWÖLF MIT DER POST

FROHE WEIHNACHTEN!

Weihnachten! Der muß wahrhaft ein Menschenfeind sein, in dem sich nicht etwas wie Heiterkeit regt, dem nicht etliche erfreuliche Assoziationen kommen, wenn sich Weihnachten nähert. Es gibt Leute, die behaupten, Weihnachten heutzutage wäre nicht mehr dasselbe wie früher; daß ihnen an jedem neuen Weihnachtsfest nur wieder eine wichtige Hoffnung oder ein beglückender Plan wie eine Seifenblase zerplatze, daß die jetzige Weihnacht sie nur an ihre verminderten Möglichkeiten mahne und daran, daß sie weniger Geld zur Verfügung hätten. An die Gastmähler, die sie einst mit lieben Freunden genossen, während sie jetzt nur Kälte ernteten. Nie sollte man derlei unfrohes Gerede ernstnehmen. Es gibt wenige Menschen, die solche Gedanken nicht an jedem beliebigen Tag des Jahres heraufbeschwören könnten. Dann sucht euch nicht ausgerechnet den fröhlichsten der 365 Tage für eine schmerzensreiche Lebensbilanz aus, sondern füllt die Gläser und beginnt zu singen …

Wer wäre nicht empfänglich für die Bekundungen freundlicher Gefühle, für den aufrichtigen Austausch herzlicher Regungen, welche um diese Jahreszeit erwachen. Ein Weihnachten im Familienkreis! Es gibt nichts, was dieser Herrlichkeit vergleichbar wäre! Schon im Wort »Weihnachten« liegt ein Zauber. Garstige Eifersüchteleien und Streitigkeiten sind vergessen, der Gemeinschaftssinn erwacht in Gemütern, denen er lange fremd war. Vater und Sohn, oder Bruder und Schwester, die sich nur noch giftige Blicke zuwarfen, finden wieder zusammen und umarmen einander, um die frühere Feindschaft zu begraben im Glück der Gegenwart. Herzen, die sich insgeheim lieben, überwinden Selbstsucht und Stolz und vereinigen sich, alles ist Wohlwollen und Liebe! Ich wünschte, es wäre das ganze Jahr über Weihnachten (wie es sein sollte), und daß unsere wahre, gute Natur sich immer gegen die entstellenden Leidenschaften durchzusetzen vermöchte!

Charles Dickens (1812-1870), Londoner Skizzen

Der erste Schnee

Schnee! Schnee! der erste Schnee! –

In großen, wässrigen Flocken, dem Regen untermischt, schlägt er an die Scheiben, grüßend wie ein alter Bekannter, der aus weiter Ferne nach langer Abwesenheit zurückkommt. Schnell springe ich auf und ans Fenster. Welche Veränderung da draußen! Die Leute, die eben noch mürrisch und unzufrieden mit sich und der Welt umherschlichen, sehen jetzt ganz anders aus. Gegen den Regen suchte jeder sich durch Mäntel und Schirme auf alle Weise zu schützen, dem Schnee aber kehrt man lustig und verwegen das Gesicht zu.

Der erste Schnee! der erste Schnee!

An den Fenstern erscheinen lachende Kindergesichter, kleine Händchen klatschen fröhlich zusammen: welche Gedanken an weiße Dächer und grüne, funkelnde Tannenbäume …

»Gehorsamster Diener, Herr Professor Niepeguck! Auch im ersten Schnee?«

»Ärztliche Verordnung!« brummt der Weise und lächelt herauf zu mir, so gut es Würde und Hypochondrie erlauben.

Aus: Wilhelm Raabe (1831-1910),
Die Chronik der Sperlingsgasse

Christbäume für die Stadt

»1890 wurden vom 10. bis 15. Dezember ab täglich mehrere hundert, zuletzt Tausende von Bäumchen auf die Zentralhallen (Les Halles) gebracht, während die anderen Märkte und Händler ebenfalls noch manche erhielten. Von allen Bäumen, die verkauft wurden, kommt ein Drittel auf deutsche, österreichische und elsässische Familien, die übrigen auf Franzosen. Von den vielen Christbäumen kommt aber keiner aus dem Wald. Sie werden in Gärten und eigenen Pflanzungen gezogen und werden mit Wurzeln und Erde ausgehoben und in Körben verkauft. Unverkaufte Bäume werden wieder für das nächste Jahr in den Boden eingesenkt.«

Aus der »Vossischen Zeitung« von 1890

Traum

Ich lag und schlief; da träumte mir
Ein wunderschöner Traum:
Es stand auf unserm Tisch vor mir
Ein hoher Weihnachtsbaum.

Und bunte Lichter ohne Zahl,
Die brannten ringsumher;
Die Zweige waren allzumal
Von goldnen Äpfeln schwer.

Und Zuckerpuppen hingen dran;
Das war mal eine Pracht!
Da gab's, was ich nur wünschen kann
Und was mir Freude macht. . . .

Da wacht' ich auf aus meinem Traum,
Und dunkel war's um mich.
Du lieber, schöner Weihnachtsbaum,
Sag an, wo find ich dich?

Da war es just, als rief er mir:
»Du darfst nur artig sein;
Dann steh' ich wiederum vor dir;
Jetzt aber schlaf' nur ein!

Und wenn du folgst und artig bist,
Dann ist erfüllt dein Traum,
Dann bringet dir der Heilge Christ
Den schönsten Weihnachtsbaum.«

August Heinrich Hoffmann
von Fallersleben (1798–1874)

Sternsinger-
⁓ Lied ⁓

1. Komm, wir geh'n nach Bethlehem!
Didl, dudl, didl, dudl, didl, dudl, dei!
Jesulein, Herre mein,
wiegen will ich dich gar fein!
2. Fritz, du spielst den Dudelsack!
3. Hansel, blas die Flöte du!
4. Max, du laß den Baß erklingen!
5. Und du, Jörgel, streich die Geig'!

Aus Tirol

Die Überraschung

Das Weihnachtsfest war nahe, wir konnten die Tage bis zum 24. Dezember schon an den Fingern abzählen, als sich etwas begab, das uns in die größte Aufregung versetzte. Vor unsern Nasen gleichsam verschwanden unsere Puppen. Auf einmal waren alle fort. Eine vollständige Puppenauswanderung hatte stattgefunden.

Das Bett, in das Fritzi gerade noch ihre älteste Tochter, die große Christine, schlafen gelegt hatte – leer. Die Angehörigen Christines hinweggefegt, als ob sie nie dagewesen wären. Meine blonde Fanchette, die freilich von der Blondheit nur noch den Ruf besaß – denn eine geduldige Friseurin war ich nicht –, ebenfalls unauffindbar. Wir kramten vergeblich nach ihr in unsern Laden, durchforschten alle Schränke und Winkel. Wir liefen ins Kinderzimmer und klagten die armen kleinen Brüder des Raubes unserer Puppen an …

Pepinka, ärgerlich über unsere Nachgrabungen, die wir nun auch in dem von ihr beherrschten Reiche zu unternehmen begannen, ließ sich zu einem unvorsichtigen Worte hinreißen. »Geht, geht! sucht eure Puppen nur dort, wo sie sind.«

»Weißt du, wo sie sind? – Ja, ja, du weißt es! Wo sind sie?« Wir ließen nicht nach, gaben ihr keine Ruhe, bis sie endlich, um uns loszuwerden, sagte: »Die kleine Greislerin hat sie gestohlen. Grad ist sie mit der Christine über die Gasse gelaufen.«

Gestohlen also! unsere Kinder gestohlen! durch die kleine Greislerin – oh, das leuchtete uns ein. Der konnte man alles zutrauen … Daß wir auch im vorigen Jahre kurze Zeit vor Weihnachten denselben Jammer erlebt und dann unter dem Christbaum ebenso viele Puppen, als wir vermißt hatten, mit glänzenden lackierten Gesichtern, reichen Locken und schön gekleidet sitzen sahen, fiel uns nicht ein. Oh, wir waren dumme Kinder! Ich glaube nicht, daß es heutzutage noch so dumme Kinder gibt.

Aus: Marie von Ebner-Eschenbach (1830-1916),
Meine Kinderjahre

Die Stechpalm und der Efeu

Die Stechpalm und der Efeu
Die schmücken Christkinds Thron,
Vor allen Bäumen hier im Wald,
Wünscht Stechpalm sich die Kron.

Die Stechpalm schenkt uns Blüten,
Die sind wie Schnee so rein,
Maria schenk uns Jesus Christ,
Der wird der Heiland sein!

Die Stechpalm schenkt uns Beeren,
Die sind wie Blut so rot,
Maria schenk uns Jesus Christ,
Der uns erlöst von aller Not!

Die Stechpalm trägt wohl Dornen,
Recht scharf und spitz sind die!
Maria schenk uns Jesus Christ
Am Weihnachtsmorgen früh!

Die Stechpalm, die trägt Rinde,
Die bitter schmeckt wie Gall',
Maria schenk uns Jesus Christ,
Der uns erlöset all!

Die Stechpalm und der Efeu
Die schmücken Christkinds Thron,
Von allen Bäumen in dem Wald,
Trägt Stechpalm nun die Kron.

Englisches Weihnachtslied, 15. Jh.

Winter

Als finstern Mann mit Falten im Gesicht,
So mal'n sie dich, den Winter, aus,
Mit ellenlangem Bart und ohne Licht,
Dafür mit blaugefror'nen Lippen und, o Graus!
Es hängt dir an der Schnupfennase noch ein Zapfen Eis!
Einsam stapfst du durch Sturm und Schnee, ein Greis.

Die sollten besser dich daheim mal kennenlernen,
Wenn du es dir im Lehnstuhl gemütlich machst,
Um dich an Weihnachtsfreuden zu erwärmen,
Wenn Kinder um dich sitzen und du lachst,
Wenn Scherze oder Schauermärchen du erzählst,
Wenn du betrübten Seelen in der Nacht
Zum Trost ein ruhiges Traumbild wählst,
Wenn du die süßen Nüsse und die Feste uns gebracht.

Robert Southey (1774-1843)

Knecht Ruprecht

Noch ist Herbst nicht ganz entfloh'n,
Aber als Knecht Ruprecht schon
Kommt der Winter hergeschritten,
Und alsbald aus Schnees Mitten
Klingt der Schlittenglocken Ton.

Und was jüngst noch, fern und nah,
Bunt auf uns herniedersah,
Weiß sind Türme, Dächer, Zweige,
Und das Jahr geht auf die Neige,
Und das schöne Fest ist da.

Tag du der Geburt des Herrn,
Heute bist du uns noch fern,
Aber Tannen, Engel, Fahnen,
Lassen uns den Tag schon ahnen,
Und wir sehen schon den Stern.

Theodor Fontane (1819-1898)

Auf dem Weihnachtsmarkt

Am schönsten war es, wenn kurz zuvor Schnee gefallen und bei mäßigem Frost und heiterem Wetter liegen geblieben war. Alsdann hatte sich das gewöhnliche Pflaster der Straße und des Platzes durch die Tritte der unzähligen Wanderer gleichsam in einen marmornen Fußboden verwandelt. Um die Mittagsstunde wandelten dann wohl die vornehmen Stände behaglich auf und ab, schauten und kauften, luden den Bedienten, welche ihnen folgten, die Gaben auf, oder kamen auch nur wie in einem Saal zusammen, um sich zu besprechen und Neuigkeiten mitzuteilen. Am glänzendsten aber sind die Abendstunden, in welchen diese breite Straße von vielen tausend Lichtern aus den Buden von beiden Seiten erleuchtet wird, daß fast eine Tageshelle sich verbreitet, die nur hie und da durch das Gedränge der Menschen sich scheinbar verdunkelt. Hier trägt ein bejahrter Bürgersmann sein Kind auf dem Arm, und zeigt und erklärt dem laut jubelnden Knaben alle Herrlichkeiten. Eine Mutter erhebt dort die kleine Tochter, daß sie sich in der Nähe die leuchtenden Puppen, deren Hände und Gesicht von Wachs die Natur anmutig nachahmen, näher betrachten könne. Ein Kavalier führt die geschmückte Dame, der Geschäftsmann läßt sich gern von dem Getöse und Gewirr betäuben, und vergißt seine Akten, ja selbst der jüngere und ältere Bettler erfreut sich dieser öffentlichen, allen zugänglichen Maskerade, und sieht ohne Neid die ausgelegten Schätze und die Freude und die Lust der Kinder, von denen auch die geringsten die Hoffnung haben, daß irgend etwas für sie aus der vollen Schatzkammer in die kleine Stube getragen werde. So wandeln denn Tausende scherzend, mit Plänen zu kaufen, erzählend, lachend, schreiend an den süßduftenden mannigfaltigen Zucker- und Marzipangebäcken vorüber …

Aus: Ludwig Tieck (1773-1853), Weihnachtsabend

Weihnachtszeit

Die Glocken läuten den Advent heran,
Die Öfen werden wieder eingeheizt.
Zu früher Stunde zündet man Laternen an,
Während der Winter nicht mit Regen geizt:
Die Fensterscheiben spiegeln seinen nassen Lauf
Von Crimson Lake bis Hooker's Green hinauf.

Die Stechpalmzweige aus der windzerzausten Hecke,
Zweige von Eiben, die das Herrenhaus umgeben,
Holt man sich reichlich nun, um jede Ecke,
Altäre, Tore, Kirchenstühle zu beleben,
Damit ein jeder ganz zufrieden sagen mag:
»Hübsch ist die Kirche heut am Weihnachtstag!«

In der Provinz erglänzt das Pub, das billige Hotel,
Und jede Zunft läßt schwerbelad'ne Wagen rollen,
Die Mietskasernen leuchten kerzenhell,
Strohsterne hängt man auf, ißt Weihnachtsstollen.
Die Flaggen in den rotgeschmückten Hallen,
Sie grüßen: »Fröhliches Fest euch allen!«

Londons Geschäfte sind zum Weihnachtsfeste
Behängt mit Silberglocken, Blumen, Flitter.
Die Angestellten hetzen rum fürs Beste
Und fliehen dann die Stadt und ihre Gitter.
Marmorne Wolken über grauen Dächern hängen,
Als wollten Londons Himmel sie verdrängen.

Den kessen Hosenmädchen fällt nun Daddy ein
Und mancher dumme Lümmel denkt an seine Ma.
Die Kinder schlafen heut vor Glück nicht ein –
Die Morgenglocken singen fröhlich: »Christ ist da!«
Und jeder, der sich vor dem Fest versteckt
In den Touristenburgen, wird vom Klang geweckt.

Und ist's denn wahr? Und ist's denn wahr,
Das wundersamste Märchen von der Welt,
Wie es die bunten Kirchenfenster zeigen? Gebar
Marie das Kind im Stall, wie man erzählt?
Der Gott, der Sterne schuf, die Erde und das Meer,
Der kam als kleines Kind für mich hierher?

Und ist's denn wahr? Denn wenn es stimmt,
Dann kann nicht eine zärtlich-rege Hand,
Die Goldpapier für alberne Geschenke nimmt
Und sie umknüpft mit rotem Seidenband,
Dann kann kein Badesalz, kein billiges Parfüm,
Keins von den töricht-süßen Dingen am Kamin,

Dann kann die Liebe, die in den Familien blüht,
Und auch das Weihnachtsliedersingen nicht,
Nicht all das Glockenläuten, das die Luft durchzieht,
Nichts kann vergleichen sich dem wahren Licht:
Gott ist in Bethlehem ein Mensch geworden
Und lebt noch jetzt, in Brot und Wein geborgen.

JOHN BETJEMAN (1906-1984)

Weihnacht
ꟹ In alter Zeit ꟹ

Drei Donnerstage vor Weihnachten klopfen die Mägdlein und Knaben von Haus zu Haus durch die Stadt an den Türen an, die Zukunft der Geburt des Herrn verkündigend und den Einwohnern ein glückseliges Jahr wünschend. Danach empfangen sie von den Haussässigen Äpfel, Birnen, Nüsse und auch Pfennige zum Lohn.

Zu Weihnacht begehen sie die Kindheit Christi also: sie setzen eine Wiege auf den Altar, in die ein geschnitzt Kind gelegt ist, diese wiegt eine große Menge der Stadtkinder, springen und tanzen ums Kind in einem Kreise, wobei die Alten zusehen, und singen viele seltsame Liedlein von dem neugeborn Kindlein. Sie halten diese Nacht für so heilig, daß etliche beredt sind, alle Brunnen werden diesen Augenblick, wo Christus geboren sei, auf diese Nacht zu Wein und in einem Hui wieder zu Wasser. Etliche sagen, es schlagen alle Bäume diese Nacht aus.

Zur Zeit des neuen Jahres schicken sie einander Gaben, alt und jung, und mit gebotener Hand wünschen sie einander ein gutes, seliges neues Jahr …

An der Heilgen Drei Könige Tag bäckt ein jeder Vater einen guten Leckkuchen, danach er vermag und ein Hausgesinde hat, groß und klein, und kneten einen Pfennig hinein. Danach schneidet er den Leckkuchen in viele Stücke und gibt jedem aus seinem Hausgesinde eins. Christus, Maria und die Heiligen Drei Könige haben auch ihre Stücke da. Wem nun das Stück wird, darin der Pfennig ist, der wird von allen als ein König erkannt und dreimal mit Jubel in die Höhe gehoben. Er nimmt allemal eine Kreide in die Hand und macht ein Kreuz an die Dielen und Balken im Haus und in den Stuben, welche Kreuze gegen viel Unglück und Gespenster helfen sollen.

Es ist kein Haus, in dem man nicht in den zwölf Nächten zwischen Weihnacht und dem heiligen Dreikönigstag Weihrauch macht gegen alle Teufelsgespenster und Zauberei.

Sebastian Franck (1499-1542)

∞ Weihnachtspäckchen ∞

Frankfurt, den 16ten Dezember 1799

Lieber Sohn!

Heut ist das Kistchen bepackt mit Christgeschenken an Dich mit dem Postwagen abgegangen – wünsche, daß alles zum Vergnügen ausfallen möge. Auch hoffe ich, daß das Zeug zum Kleid meiner Lieben Tochter gefallen wird. Der Judenkram ist für dieses Mal etwas ärmlich. Ich habe alle Schubladen ausgeleert, um nur Dein Begehren in etwas zu erfüllen. Vergangenen Freitag, den 13ten, ist auch ein Kästchen mit Maronen an Dich abgegangen. Ich hatte eine große Freude, welche zu bekommen. Die Kastanien sind erbärmlich und nicht zu genießen, da las ich im Anzeigeblatt, daß Maronen zu haben wären: flugs schickte ich danach, kaufte und spedierte sie sogleich nach Weimar. Wünsche, daß sie Dir behagen mögen … Gott erhalte und segne Dich, lasse Dir es wohlergehen und lange mögest Du leben auf Erden, und das wird geschehen; denn der Mutter Segen baut den Kindern Häuser. Amen. Aber dem allen ohnbeschadet hoffe ich doch, daß Du mich einmal wieder mit Deinem Besuch erfreuen wirst, ich will soviel mir möglich Dir alle Gemächlichkeit zu verschaffen suchen …

Katharina Elisabeth Goethe (1731-1808)

KÜNSTLER-WEIHNACHT

Schaunard:
»Und was wollt ihr denn nun anfangen?
Nein! Diese Lebensmittel
sind unser Vorrat
für die dunklen Tage,
die noch kommen werden.
(Er stellt alles in den Schrank zurück.)
Wollt ihr etwa am Weihnachtsabend
daheim essen, während Bratendüfte
die Straßen des Quartier Latin
durchziehen, Düfte nach
Festmählern! Und wie schön die
jungen Mädchen überall singen ...«
Rodolfo, Marcello, Colline:
»Weihnachtsabend!«
Schaunard:
»... und jedes Mädchen hat einen
Studenten als Echo! Laßt uns die
Tradition bewahren, meine Herren:
daheim trinken, zum Essen ausgehen!«

AUS DEM LIBRETTO DER OPER LA BOHÈME
VON GIACOMO PUCCINI (1858-1924)

Zieh doch Schlittschuh an

Glattes Eis – ein Paradeis
Für den, der gut zu tanzen weiß.

Friedrich Nietzsche (1844-1900)

Um diese Stunde kamen an diesem Wochentag immer Personen aufs Eis, die alle denselben Kreisen angehörten und einander kannten. Man sah perfekte Läufer ihre Kunst zeigen, ungeschickte Anfänger hinter Stuhlschlitten, Knaben und Alte, die aus Gründen der Gesundheit liefen. Alle erschienen Lewin wie Sonntagskinder, weil sie hier waren, in Kittys Nähe. Und all diese Eisläufer kamen ihm seelenruhig vor, sprachen mit ihr, vergnügten sich völlig unabhängig von ihr bei dem herrlichen Wetter auf diesem ausgezeichneten, spiegelglatten Eis …

Kitty sah ihn nun aufmerksam an, als wolle sie herausfinden, weshalb er so verlegen wurde.

»Ihr Lob bedeutet mir viel. Hier gibt es eine Legende, derzufolge Sie Rußlands bester Eisläufer sind«, meinte sie und streifte mit der kleinen Hand, die von einem schwarzen Handschuh geschützt wurde, die Rauhreifnadeln vom Muff.

»Ja, früher bin ich leidenschaftlich gern Schlittschuh gelaufen, ich wollte es zum Weltmeister bringen.«

»Sie tun anscheinend alles mit Leidenschaft«, sagte sie lächelnd. »Ich möchte Sie so gern laufen sehen. Ziehen Sie doch Schlittschuhe an, dann können wir ja zusammen laufen.«

›Zusammen laufen! Ist das denn möglich oder träume ich?‹ dachte Lewin und sah Kitty an.

Laut sagte er: »Ich komme sofort wieder«, und ging, um sich Schlittschuhe auszuleihen.

Aus: Leo N. Tolstoj (1828-1919), Anna Karenina

Weihnachtslied

Brich an, du schönes Morgenlicht!
Das ist der alte Morgen nicht,
Der täglich wiederkehret.
Es ist ein Leuchten aus der Fern',
Es ist ein Schimmer, ist ein Stern,
Von dem ich längst gehöret.

Nun wird ein König aller Welt
Von Ewigkeit zum Heil bestellt,
Ein zartes Kind geboren.
Der Teufel hat sein altes Recht
Am ganzen menschlichen Geschlecht
Verspielt schon und verloren ...

Wer ist noch, welcher sorgt und sinnt?
Hier in der Krippe liegt ein Kind
Mit lächelnder Gebärde!
Wir grüßen dich, du Sternenheld!
Willkommen, Heiland aller Welt!
Willkommen auf der Erde!

Max von Schenkendorf (1783-1817)

Meditation an Weihnachten

Ach, könnte nur dein Herz
zu einer Krippe werden,
Gott würde noch einmal
ein Kind auf dieser Erden.

Angelus Silesius (1624-1677)

Nacht ist es, helle Sterne glänzen in der Kälte; lärmende Stimmen dringen an mein Ohr, die Stimmen aller Nachtschwärmer dieser Welt, die mit Gelagen die Armut des Heilands feiern. Meine Gefährten schlafen in ihren Zimmern; ich bin hellwach und erinnere mich an das Wunder von Bethlehem.

Komm, komm, Jesus, ich erwarte dich.

Maria und Joseph, die wissen, daß die Stunde da ist, werden vom Stadtvolk hinausgeworfen und suchen auf den Feldern eine Bleibe. Ich bin ein armer Hirt, hab nur einen schäbigen Stall, eine kleine Krippe, ein wenig Stroh. Ich biete dir alles an, gern kannst du in meine elende Behausung kommen. Ich biete dir mein Herz. Meine Seele ist arm und nicht mit Tugenden ausgestattet, das Stroh meiner Unvollkommenheit wird dich stechen, bis du weinst – aber was, sag Herr, erwartest du? Dieses bißchen ist alles, was ich habe … Erhebe meine Seele durch deine Gegenwart, gib ihr die Ehre, sei gnädig. Verbrenn dieses Stroh und verwandle es in ein bequemes Ruhelager für deinen heiligen Leib.

Jesus, ich warte hier, daß du kommst.

Geschrieben 1902 von dem Studenten
Angelo Giuseppe Roncalli (1881-1963),
später Papst Johannes XXIII.

DAS WEIHNACHTLICHE SOUPER

Erinnert ihr euch, wie kalt es vor zwei Jahren an Weihnachten war? Kalt genug, um die armen Teufel umzubringen, die auf der Straße herumhängen. Eis bedeckte die Seine. Die Pflastersteine verwandelten beim Gehen die Füße durch die Schuhsohlen hindurch zu Eisklumpen und man konnte auf den Gedanken kommen, demnächst würde der Frost die Welt zersprengen.

Ich hatte eine größere Arbeit übernommen und jede Einladung zum Weihnachtsessen abgelehnt, da ich es vorzog, die Nacht am Schreibtisch zu verbringen. Ich aß allein zu Abend und begann dann zu arbeiten. Aber ungefähr um zehn Uhr packte mich die Unruhe bei der Vorstellung, daß jetzt ganz Paris fröhlich war. Der Straßenlärm drang bis zu mir herauf und ich hörte, wie meine Nachbarn ihr weihnachtliches Festmahl vorbereiteten. Ich wußte wohl kaum mehr, was ich eigentlich anfing, ich brachte reinen Unsinn zu Papier, und zu guter Letzt sah ich ein, daß ich in dieser Nacht nicht mehr auf irgendeinen Arbeitserfolg zu hoffen brauchte.

Ich lief im Zimmer hin und her, ich setzte mich nieder und stand wieder auf. Ich stand mit Sicherheit unter dem mysteriösen Einfluß all der Freude, welche draußen herrschte, und ich gab klein bei. Also klingelte ich nach meiner Haushälterin und sagte zu ihr: »Angèle, gehen Sie doch und kaufen Sie ein anständiges Souper für zwei Personen: Austern, kaltes Rebhuhn, Hummer, Schinken und Kuchen. Dazu noch zwei Flaschen Champagner. Wenn Sie den Tisch gedeckt haben, können Sie zu Bett.«

Sie gehorchte mit einiger Überraschung, und als alles fertig war, zog ich meinen Mantel an und ging los. Es galt, eine schwierige Frage zu lösen: Mit wem sollte ich das Weihnachtssouper teilen? Meine Freundinnen waren alle bereits anderswo zu Gast. Wenn ich eine davon bei mir hätte haben wollen, hätte ich mich früher darum kümmern müssen. Da kam ich auf die Idee, das Ganze mit einer guten Tat zu verbinden, und ich sagte mir vor: »Paris ist voller armer und hübscher Mädchen, die heute nacht nichts Eßbares auf dem Tisch haben werden und unterwegs sind, um einen großzügigen Herrn ausfindig zu machen. Ich werde für eins dieser jungen Dinger die Rolle der Vorsehung übernehmen, und ich werde herumsuchen, bis ich eine finde, die mir gut genug gefällt, um bei ihr den Weihnachtsengel zu spielen.« So begann ich meinen Streifzug …

Plötzlich entdeckte ich nah beim Théâtre des Variétés eine Gestalt nach meinem Geschmack … Sie war reizend, sehr jung, mit braunem Haar und großen dunklen Augen. Ich unterbreitete ihr mein Angebot, sie ging ohne zu zögern darauf ein. Eine Viertelstunde später saßen wir bereits bei mir daheim am gedeckten Tisch.

Aus: Guy de Maupassant (1850–1893), Erzählungen und Novellen

BESUCH VON SANTA CLAUS

Durch den Kamin rutschte er mit seinem Sack,
Santa Claus brachte heut' einen ganz großen Pack.
Ein Pelz hüllte ihn ein vom Kopf bis zum Zeh,
Nun hing in der Kleidung die Asche, o weh!
Viel Spielsachen trug er im Sack auf dem Rücken,
Wie ein Hausierer, so mußt' er sich bücken.
Die Augen, die glänzten, lustig schief seine Mütze saß,
Rosig glühten die Backen, rot wie Kirschen die Nas'.
Sein Mund lachte freundlich, herrje,
Und sein Vollbart war weißer als frischer Schnee.
Eine Pfeife hielt er fest zwischen den Zähnen,
Der Qualm hüllte ihn ein, mir kamen fast Tränen.
Er hatte ein Vollmondgesicht, rund war sein Bauch,
Der hüpfte beim Lachen – wie Wackelpudding auch.
Ein wenig plump bewegte der alte Knabe sich
Und ich lachte über ihn, statt über mich.
Ein Blick seiner Augen, ein Nicken, wie freundlich,
Die zeigten mir gleich: der meint's nicht feindlich.
Er sprach kein Wort, machte ans Werk sich sogleich
Und füllte die Strümpfe, großzügig und reich.
Dann legte er den Finger an die Nasenspitz'
Und verschwand durch den Kamin wie ein Blitz.
Er sprang in den Schlitten, pfiff sein Team zusammen,
Wie ein Bienenschwarm ging's zurück, woher sie kamen.
Doch ich hört' ihn noch sagen, bevor er davon war:
»Gesegnete Weihnacht und ein glückliches Neues Jahr!«

CLEMENT CLARKE
MOORE (1779–1863)

Und es begab sich

Es begab sich aber zu der Zeit, daß ein Gebot von dem Kaiser Augustus ausging, daß alle Welt geschätzt würde ...
Da machte sich auf auch Joseph aus Galiläa, aus der Stadt Nazareth, in das jüdische Land zur Stadt Davids, die da heißt Bethlehem, darum daß er von dem Hause und Geschlechte Davids war, auf daß er sich schätzen ließe mit Maria, seinem vertrauten Weibe, die war schwanger. Und als sie daselbst waren, kam die Zeit, daß sie gebären sollte. Und sie gebar ihren ersten Sohn und wickelte ihn in Windeln und legte ihn in eine Krippe; denn sie hatten sonst keinen Raum in der Herberge.

Und es waren Hirten in derselben Gegend auf dem Felde bei den Hürden, die hüteten des Nachts ihre Herde. Und siehe, des Herrn Engel trat zu ihnen, und die Klarheit des Herrn leuchtete um sie; und sie fürchteten sich sehr. Und der Engel sprach zu ihnen: »Fürchtet Euch nicht! Siehe, ich verkündige Euch große Freude, die allem Volk widerfahren wird; denn Euch ist heute der Heiland geboren, welcher ist Christus, der Herr, in der Stadt Davids. Und das habt zum Zeichen: Ihr werdet finden das Kind in Windeln gewickelt und in einer Krippe liegen.« Und alsbald war da bei dem Engel die Menge der himmlischen Heerscharen, die lobten Gott und sprachen: »Ehre sei Gott in der Höhe und Friede auf Erden und den Menschen ein Wohlgefallen.«

Evangelium nach Lukas, Kapitel 2, Vers 1-14

Das Krippenspiel

Als der Vorhang sich hob, war Charlotte wirklich überrascht. Das Bild, das sich ihr vorstellte, war so oft in der Welt wiederholt, daß man kaum einen neuen Eindruck davon erwarten sollte. Aber hier hatte die Wirklichkeit als Bild ihre besondern Vorzüge. Der ganze Raum war eher nächtlich als dämmernd, und doch nichts undeutlich im einzelnen der Umgebung. Den unübertrefflichen Gedanken, daß alles Licht vom Kinde ausgehe, hatte der Künstler durch einen klugen Mechanismus der Beleuchtung auszuführen gewußt ... Frohe Mädchen und Knaben standen umher; die frischen Gesichter scharf von unten beleuchtet. Auch an Engeln fehlte es nicht, deren eigener Schein von dem göttlichen verdunkelt, deren ätherischer Leib vor dem göttlich-menschlichen verdichtet und lichtsbedürftig schien. Glücklicherweise war das Kind in der anmutigsten Stellung eingeschlafen, so daß nichts die Betrachtung störte ... Charlotte erfreute das schöne Gebilde, doch wirkte hauptsächlich das Kind auf sie. Sie stellte sich auf das Lebhafteste vor, daß sie bald ein ähnliches liebes Geschöpf auf ihrem Schoße zu hoffen habe.

Aus: Johann Wolfgang von Goethe (1749-1832), Die Wahlverwandschaften

Und vielerlei Geschenke

Freitag morgen, um halb 11 Uhr,
den 2. Dezember 1808

... Ich will, daß der Brief zu Weihnachten schon in Deinen Händen sei. Dies ist für mich, trotz Schleiermachers Weihnachtsfeier, das einzige Fest im Jahr; weil es noch lebt, und sich wirklich und wahrhaftig auf das Leben bezieht, welches wir selbst noch leben. Dies habe ich mir gar nicht erfunden noch ausgedacht, sondern es dringt sich mir durch seinen eignen Lärm, den es macht, auf. Die ganze Welt will der ganzen Welt Vergnügen machen; und da will ich auch! Seit Hanne und Fanny bei Verstand sind, wird ihnen ordentlich aufgebaut: mit gedecktem Tisch, vielen Wachslichtern, und so vielerlei Geschenken man ihnen nur auftreiben kann; und ordentlich mit Überraschung, und Türe aufreißen: und das noch dies Jahr. Voriges Jahr sehr hübsch. Auch den Domestiken werden ihre Geschenke dabei gelegt, und Kuchen, Früchte, Konfitüren. Es bleibt jedesmal rührend. Voriges Jahr war das so; und dann bei mir, wo ich Robert, Pauline, Bribes, die Cousine und Louis Liman und Mama beschenkte; Pauline mich, Mama, die Cousine und Robert, Robert mich; Bribes im Schreck – er wußte die Sitte nicht – mir ein Etui, das er schon hatte. Wir fuhren nach den Läden umher, und aßen dann sehr gut, mit Champagner. Dieses Jahr schenke ich Hanne'n – sie will es, und tat Verzicht auf die Überraschung – ich lege es doch hin – ein Halsband von Rosenperlen. Fanny'n ein weißes Hütchen mit Federn; Line'n schönen Kattun, meinem Bedienten, den ich nicht liebe, Geld ... Dir, Lieblingsfreund, schick' ich einliegendes Päckchen, welches Du nicht eher aufmachst, bei Todesstrafe, als Weihnachtsheiligabend punkto 6 Uhr. Dann ist schon Nacht; und ich denke mit Millionen Liebe und tausend Küssen an Dich!

Rahel Varnhagen (1771-1831) an Karl August Varnhagen

Dein Christgeschenk hab ich

Tübingen, Donnerstag, den 15. Dezember 1808

... Auch Dein Christgeschenk hab' ich nun, Du liebes Kind! und breche gewiß das Siegel nicht vor der bestimmten Zeit, ich will es recht festlich empfangen, Dein Geschenk, und den Schmerz nicht scheuen, mir meine Einsamkeit recht einleuchtend zu machen durch den Schein des Heiligen Abends. Die Fingerspitzen haben mir aber doch schon verraten, daß eine Brustnadel zwischen den Kartenblättern liegt, nun denk' ich hin und her, wie sie wohl aussehen mag, und ob ich an der Form werde erkennen können, daß Du sie gewählt hast aus vielen ...

Tübingen, Sonntag, den 25. Dezember 1808

Gestern Abend um 6 Uhr, liebe Rahel, löste ich die Kartenblätter, der Augenblick war da, auf den ich mich all die Tage so sehr gefreut hatte, ich wußte, nun denkst Du an mich, und weißt auch, daß ich an Dich denke! Das Herz schlug mir geheimnisvolle Schauer in die Adern, ich war aufgereizt, und da fand ich Dein schönes Geschenk, Liebste! und die lieben, festen Worte, die mir in der tiefsten Brust laut wurden. Wie hab' ich mich gefreut! Es war doch wie lebendige Berührung ...

Karl August Varnhagen
(1785–1858) an Rahel Varnhagen

WEIHNACHTSMORGEN

Jo war die erste, die in der Morgendämmerung des Weihnachtstages erwachte. Keine Strümpfe hingen am Kamin, und einen Augenblick lang fühlte sie dieselbe Enttäuschung wie vor langer Zeit, als ihre Socke ins Feuer hinuntergefallen war, weil zuviel Süßigkeiten darin waren. Dann fiel ihr das Versprechen ihrer Mutter ein, sie langte mit der Hand unters Kopfkissen und zog ein kleines, rotgebundenes Buch hervor. Sie kannte es sehr gut; es war die wunderbare Geschichte des besten Lebens, das je gelebt worden war. Und Jo fühlte, daß es der beste Reiseführer war, den ein Pilger auf seiner langen Reise mitnehmen konnte. Sie weckte Meg mit einem »Fröhliche Weihnachten« und bat sie, unterm Kissen nachzuschauen. Ein grüngebundenes Buch tauchte auf, mit demselben Bild im Innern und ein paar Worten ihrer Mutter, die das Geschenk kostbarer machten. Auch Beth und Amy erwachten und fanden ihre Bücher, das eine taubengrau, das andere blau. Dann saßen sie beisammen und unterhielten sich über ihre Bücher, bis die Sonne aufging.

AUS: LOUISA MAY ALCOTT (1832-1888), VIER SCHWESTERN

Post vom Weihnachtsmann

Palast des Heiligen Nikolaus
Auf dem Mond
Am Weihnachtsmorgen

Meine liebe Susie Clemens,

Ich habe alle Briefe erhalten und gelesen, welche Du und Deine kleine Schwester mir von eurer Mama oder dem Kindermädchen schreiben ließet; ich habe auch die gelesen, die ihr kleinen Leutchen mir eigenhändig geschrieben habt – auch wenn ihr keine Buchstaben aus dem Erwachsenenalphabet verwendet. Ihr benutzt die Buchstaben, die alle Kinder in allen Ländern auf Erden und anderswo benutzen; da alle meine Untertanen auf dem Mond auch Kinder sind und diese Buchstaben benutzen, werdet ihr verstehen, daß ich die phantastischen Zeichen, die von Dir und Deiner kleinen Schwester stammen, problemlos entziffere. Aber ich hatte Schwierigkeiten mit den Briefen, die ihr eurer Mama und dem Kindermädchen diktiert habt, denn als Ausländer verstehe ich englische Schriftstücke schlecht. Ihr werdet sehen, daß ich nichts falsch gemacht habe bei dem, was ihr euch selbst von mir gewünscht habt. Ich bin um Mitternacht durch den Kamin gekommen, als ihr geschlafen habt, und brachte sie selbst. Und ich gab euch einen Kuß, denn ihr seid liebe Kinder, gut erzogen, mit freundlichen Manieren, und ungefähr die bravsten kleinen Leutchen, die mir je begegneten.

Mark Twain (1835–1910)

ÆTA 6
ÆTA 1

Morgen Kinder, wird's was geben

Morgen Kinder, wird's was geben,
Morgen werden wir uns freun!
Welch ein Jubel, welch ein Leben
Wird in unserm Hause sein!
Einmal werden wir noch wach,
Heißa, dann ist Weihnachtstag!

Welch ein schöner Tag ist morgen!
Neue Freuden hoffen wir!
Unsre guten Eltern sorgen
Lange, lange schon dafür.
O gewiß, wer sie nicht ehrt
Ist der ganzen Lust nicht wert!

Martin Philipp Bartsch (1770-1833)

Christpudding »Mohr im Hemd«

Reiben Sie eine 100-Gramm-Tafel bittere Markenschokolade auf dem Reibeisen fein. Trennen Sie 5 Eier in Eigelb und Eiklar, und schlagen Sie das Eiklar steif (im Eisschrank aufbewahren). Rühren Sie 70 Gramm Butter sehr schaumig und geben Sie nach und nach 5 Eidotter, 90 Gramm Zucker, 90 Gramm Mandeln und die geriebene Schokolade dazu (Reihenfolge einhalten!). Wenn Sie alles gut vermischt haben, ziehen Sie den Eischnee locker darunter. Füllen Sie den Teig in eine ausgebutterte und ausgebröselte Puddingform, die Sie mit dem gleichfalls ausgebutterten Deckel wasserdicht verschließen. Den Pudding kochen Sie nun im Wasserbad in einem Tiegel etwa 45 Minuten lang. Dann nehmen Sie die Form aus dem Wasser und lassen sie ein paar Minuten abkühlen. Stürzen Sie den Pudding auf eine Platte. Schlagen Sie Sahne steif, und würzen Sie sie dabei mit Vanillezucker. Nun können Sie dem Pudding-Mohr das Sahne-Hemd überziehen. Der Pudding darf sofort verspeist werden und ist eine Leckerei für alle, denen Plumpudding etwas schwer im Magen liegt.

Altenglisches Rezept

Truthahn »California«

Fleischbrühe vorbereiten. Leber, gehäuteten Magen und Herz des Truthahns, 125 g Rindfleisch und 125 g Schinkenspeck durch den Fleischwolf drehen. 50 g gewaschene Sultaninen, 1 Eßlöffel blättrig geschnittene Mandeln, 1 Ei, 1 eingeweichte, ausgedrückte Semmel, Saft und Schale von 1/2 Zitrone, Salz, Curry, 1 Schuß Rum untermischen.

Den vorbereiteten Truthahn blanchieren, abtrocknen, innen und außen leicht mit Salz einreiben und mit der oben beschriebenen Masse füllen. Mit heißer Butter übergießen, Fleischbrühe dazugeben und im vorgeheizten Rohr – zuerst mit der Brust nach unten, nach etwa 45 Minuten wenden – unter häufigem Begießen schön braun braten. Ab und zu mit Weißwein bestreichen. Zum Schluß Soße entfetten, mit Sahne binden und über den tranchierten Truthahn gießen. Mit Ananas, gegrillten Bananen und Orangenscheiben garnieren.

Amerikanisches Rezept

∞ Die Gans ∞

So ein Tumult entstand, daß man glauben konnte, eine Gans sei der seltenste aller Vögel, ein gefiedertes Phänomen, mit dem verglichen ein schwarzer Schwan sich ordinär ausnahm. Und tatsächlich war sie in diesem Hause auch so etwas von dieser Art Wunder. Mrs. Cratchit machte die Soße (diese stand dann im Soßenkännchen bereit). Master Peter zerstampfte die Kartoffeln mit unglaublicher Tatkraft zu Brei; Miss Belinda bereitete die Apfelspeise zu; Martha kümmerte sich um heiße Teller; Bob zog Tiny Tim in eine ruhige Ecke am Tisch. Die beiden jungen Cratchits rückten die Stühle für alle zurecht und vergaßen auch sich selber nicht. Sie lagen auf Wachposten und lutschten am Besteck, um sich jederzeit auf ihr Stück von der Gans stürzen zu können. Schließlich deckte man den Tisch und sprach das Dankgebet. Ein Moment atemloser Stille entstand, als Mrs. Cratchit sich des Messers Schneide besah, um sie dann in die Gänsebrust zu stoßen. Und als man das langersehnte Geräusch vernahm, da erhob sich ein freudiges Beifallsgeschrei rund um den Tisch. Sogar Tiny Tim, angespornt von den beiden jungen Cratchits, schlug mit dem Messergriff auf den Tisch und schrie wie verrückt: Hurra!

AUS: CHARLES DICKENS (1812-1870), DER WEIHNACHTSABEND

Der Weihnachtstag
1661

25ter (Weihnachtstag). Hatte einen gemütlichen Spaziergang bis White Hall, wo ich mit meiner Familie zur Kommunion zu gehen beabsichtigte, aber ich kam ein bißchen zu spät. Also ging ich hinein ins Haus und sah mir die Bilder an, besonders die Schiffe auf dem Gemälde »König Heinrich VIII. reist nach Bullaen«, wobei mir die großen Unterschiede in der Bauart einst und heute auffielen. Nachher wieder zur Kirche, wo Bischof Morley über das Lied der Engel predigte, »Ehre sei Gott in der Höhe, Friede auf Erden denen, die guten Willens sind.« Empfand seine Predigt als nicht gerade geistreich, dafür war sie um so länger. Er verglich die banalen Vergnügungen bei Hofe mit der wahren Freude, die wir in diesen Tagen hegen sollten und dürften. Insbesondere kritisierte er Theater und Glücksspiele und daß die, welche von Amts wegen die Ordnung schützen sollen, bei allem assistierten ... Dabei war es sehenswert, wie weit es heute her ist mit der Autorität eines Bischofs, denn sie lachten in der Kirche, als er ihre schlimmen Unternehmungen geißelte. Er heizte uns ordentlich ein mit seiner Freude in diesen Tagen der Freude, und predigte Barmherzigkeit; aber jemand neben mir flüsterte mir ins Ohr, der Bischof selber habe keinen Penny für die Armen gespendet. Auf die Predigt folgte ein schönes Hochamt mit Gesängen, und der König kam herab, um die Kommunion zu empfangen. Aber ich blieb nicht länger dort, sondern rief meinen Sohn aus der Wohnung meines Herrn zu mir, gab unserm Hausmädchen Sarah den guten Rat, nüchtern zu bleiben, wie mein Herr es verlangt, und sich um das Haus zu kümmern. Ich ging gutgelaunt heim und aß mit viel Genuß mit meiner Frau. Wir hatten eine ganz ordentliche Grütze und Brathuhn, und ich ließ uns noch Pastete holen, da sich meine Frau zu schlecht fühlte, um selbst welche zuzubereiten.

Aus dem Geheimen Tagebuch des Verwaltungsbeamten
Sir Samuel Pepys (1633-1703)

Punschlied

Vier Elemente
innig gesellt,
bilden das Leben,
bauen die Welt.
Preßt der Zitrone
saftigen Stern!
Herb ist des Lebens
innerster Kern.

Jetzt mit des Zuckers
linderndem Saft
zähmet die herbe,
brennende Kraft!
Gießet des Wassers
sprudelnden Schwall!
Wasser umfänget
ruhig das All.

Tropfen des Geistes
gießet hinein!
Leben dem Leben
gibt er allein.
Eh' es verdüftet,
schöpfet es schnell!
Nur wenn er glühet,
labet der Quell.

Friedrich von Schiller (1759–1805)

WEIHNACHTSFREUDEN

Im Hause meines Onkels ist das Weihnachtsessen eine sehr ernsthafte Angelegenheit. Damit will ich nicht sagen, daß alle mit langen, feierlichen Gesichtern dasitzen. Gott behüte!

Die Vorbereitungen gehen gleich nach der Frühmesse an. Im Küchenherd brennt ein Feuer, als wollten sie einen ganzen Ochsen braten, so daß meine Tante und die Mädchen fast bei lebendigem Leibe geröstet werden. Wir anderen aber, wir rufen den Hunden und gehen über Feld, bis mein Onkel endlich sagt: »Ich glaube, wir müssen nach Hause gehen. Es könnte sein, daß Mutter und die Mädchen uns brauchen. Sie haben heute einen anstrengenden Tag!«

Keiner hat etwas dagegen, und wir kehren um, und mein Onkel sagt: »Ich möchte nur wissen, ob der Truthahn gut geraten ist. Er war der allerbeste vom Hof!«

Und wir sind alle genau so besorgt wie er um das Wohlbefinden des lieben Vogels. Einer von meinen Vettern sagt vielleicht: »Der Plumpudding ist jedenfalls gut, ich habe ihn heute früh gesehen!«

»Weißt du noch den vom letzten Jahr?« fragt ein andrer, ohne jedoch eine Antwort zu erwarten. Wir tragen uns alle mit den gleichen Gedanken.

… Natürlich würde es Truthahn geben, der stets so knusprig und riesengroß war und vor lauter Füllung fast platzte – ein Tierchen, das eigens für diesen Zweck gemästet worden war. Dann würden rechts und links von ihm noch ein halbes Dutzend zarte Hühnchen liegen, mit dünnen Speckstreifen garniert. Es gab auch einen Schinken, der in einer Teigkruste in seinem eigenen Saft und Aroma gebacken wurde. Auch etwas Roastbeef und Schmorbraten fehlten nicht, und Pökelfleisch und gebratene Kartöffelchen und die dazu gehörigen Saucen. Und ohne einem lange Zeit zum Atemholen zu lassen, würden dann Bratäpfel in Schlagsahne erscheinen und Eiercreme und Fruchtgelee, ein Obstkuchen und selbstverständlich der Plumpudding, der so schwer war, daß meine Tante ächzte und stöhnte, wenn sie ihn auftrug.

Aus: Francis MacManus, Das Familienporträt

Unter dem Tannenbaum

Ich wußte es wohl, in solchen Päckchen steckte ein Stück leibhaftigen Weihnachtens; denn der Onkel hatte einen Bruder in Hamburg, und er trat nicht mit leeren Händen an den Tannenbaum. So nie gesehenes, märchenhaftes Zuckerzeug, wie er mitten in der Bescherung noch mir und meiner Schwester auf unsere Weihnachtsteller zu legen pflegte, ist mir später niemals wieder vorgekommen.

Bald darauf steige ich an der Hand des Onkels die breite Steintreppe zu unserem Hause hinauf. Ein paar Augenblicke verschwindet er mit seinen Päckchen in die Weihnachtsstube; es ist noch nicht angezündet, aber durch die halbgeöffnete Tür glitzert es mir entgegen aus der noch drinnen herrschenden, ahnungsvollen Dämmerung. Ich schließe die Augen, denn ich will nichts sehen, und trete in das gegenüberliegende, festlich erleuchtete Zimmer, das ganz von dem Duft der braunen Kuchen und des heute besonders fein gemischten Tees erfüllt ist. Die Hände auf dem Rücken, mit langsamen Schritten, geht mein Vater auf und nieder. »Nun, seid ihr da?« fragt er stehenbleibend. – Und schon ist auch Onkel Erich bei uns; mir scheint, die Stube wird noch einmal so hell, da er eintritt …

Dies harmlose Geplauder … Es klingt mir noch lieb in der Erinnerung, und mir ist, als verstände das jetzt niemand mehr. – Aber während der Onkel so erzählt, steckt plötzlich meine Mutter, die seit Mittag unsichtbar gewesen ist, den Kopf ins Zimmer. Der Onkel macht ein Kompliment und bricht seine Geschichte ab; die Tür und die gegenüberliegende Tür werden weit geöffnet. Wir treten zögernd ein; und vor uns, zurückgestrahlt von dem großen Wandspiegel, steht der brennende Baum mit seinen Flittergoldfähnchen, seinen weißen Netzen und goldenen Eiern, die wie Kinderträume in den dunklen Zweigen hängen.

THEODOR STORM (1817-1888)

Unser Christfest Daheim

Alle Kinder wurden im Salon zusammengerufen. Nach dem Tee erlaubte uns meine Mutter, uns beim Spielen auszutoben. Wir brauchten keine zweite Einladung und gaben uns mit heiligem Eifer den Spielen hin, spielten Pantoffeljagd, Pfänderspiele und ich weiß nicht, was noch, bis man uns in die Küche zum Tanzen rief. Das waren gute, alte Volkstänze mit der Familie, den Bediensteten, einfach mit allen, lebhaft und laut genug – allen außer meiner Mutter, die unter einer Art von »Baum« aus Holly-Zweigen und anderem grünen Laub saß; denn man konnte immer grüne Zweige und rote Beeren im Garten holen, wie streng der Winter auch war. Sie spornte uns mit freundlichen Zurufen und strahlendem Lächeln an … Danach gab es Küsse unterm Mistelzweig; ich erinnere mich deutlich, wie wir alle lachten, als Papa der Köchin Betty unterm Zweig einen großen, schallenden Schmatz gab.

Aber unsere Freuden waren damit noch nicht vorüber … Auf dem Tisch in der Mitte des Speisezimmers stand ein großer Christbaum, vollbehängt mit kleinen Lichtern und Bonbons, Spielsachen und Süßigkeiten und Plätzchen. Das war der erste Baum dieser Art, den ich und meine Geschwister zu sehen bekamen; und mein großer Bruder Tom, der gerade aus Deutschland heimgekommen war, hatte seine Aufstellung überwacht. Mit welchen Freudenrufen wir den schönen Christbaum begrüßten und zwischen den Lichtern und Zweigen herumsuchten, um ihn abzuernten!

Bericht eines unbekannten Engländers
über Weihnachten 1857

Warme Winter

Der warme Winter von dem Jahre 1806 auf das Jahr 1807 hat viel Verwunderung erregt und den armen Leuten wohlgetan ... Solche Zeiten sind selten, aber nicht unerhört, und man zählt in den alten Chroniken seit 700 Jahren 28 dergleichen Jahrgänge.

Im Jahre 1289, wo man von uns noch nichts wußte, war es so warm, daß die Jungfrauen um Weihnacht und am Dreikönigstag Kränze von Veilchen, Kornblumen und andern trugen. Im Jahre 1420 war der Winter und das Frühjahr so gelind, daß im März die Bäume schon verblüheten. Im April hatte man schon zeitige Kirschen und der Weinstock blühte. Im Mai gab es schon ziemliche Trauben-Beerlein ... Im Winter 1538 konnten sich auch die Mädchen und Knaben im Grünen küssen, wenn's nur mit Ehren geschehen ist; denn die Wärme war so außerordentlich, daß um Weihnacht alle Blumen blühten. Im Jahre 1617 und 1659 waren schon im Jänner die Lerchen und die Drosseln lustig. Im Jahre 1722 hörte man im Jänner schon wieder auf, die Stuben einzuheizen.

Summa, es ist besser, wenn am St.-Stephans-Tag die Bäume treiben, als wenn am St.-Johannis-Tag Eiszapfen daran hängen.

Johann Peter Hebel (1760-1826)

»Blinde Kuh«

Was spiel'n wir alles in der Weihnachtszeit!
Zur »Reise nach Jerusalem« sind wir bereit.
Wir halten Mistelzweige übers kleine Bäschen,
Und küssen eifrig sie auf Wangen, Mund und Näschen.
Dann spielen wir noch »Blinde Kuh«,
Freu'n uns und kichern und singen dazu.
Der Plumpudding bekommt seinen Lorbeerkranz auch,
Und wir rösten Kastanien, wie es der Brauch.
Am Dreikönigsfest gibt es Kuchen die Menge,
Da biegt sich der Tisch, da gibt's ein Gedränge.
Bei »Prinz und Prinzessin« sind wir fröhlich beisammen
Und tanzen, wie's alte Ritter einstmals ersannen.
Daheim zu den Festtagen, wie herrlich und schön:
Die Weihnachtszeit sollte nimmer vergeh'n.

Unbekannter Autor, Zu Weihnachten daheim

Weihnacht auf hoher See

Es kommt ein Schiff, geladen bis an sein höchsten Bord,
Trägt Gottes Sohn voll Gnaden, des Vaters ewigs Wort.

Kirchenlied aus dem Elsass, 15. Jh.

Zwanzig Jahre befahre ich nun alle Ozeane der Welt, doch fällt mir nur ein Weihnachten mit Geschenken ein. Sie waren für mich Gaben aus dem Lebens-Meer, nicht Opferfrüchte des Toten Meeres, unerwartet und darum umso bemerkenswerter …

Der Weihnachtsmorgen anno 1879 war schön. Die Sonne ging etwa um vier Uhr über dem Südmeer auf, nah dem 51ten Breitengrad. Kurz danach sichteten wir Segel. Der Wind blies sanft, aber die See rollte kräftig. Ich wünschte dem Captain »Frohe Weihnachten«. Er schaute schläfrig drein, aber freundlich. Ich unterrichtete ihn über den Segler und bemerkte, daß damit etwas nicht stimmte. Er fragte: »Nicht stimmt?«, in ungläubigem Ton. Ich wies darauf hin, daß das Schiff all seine oberen Segel zusammengerollt hatte …

Der Kapitän verschwand, wie es sich für einen Kapitän gehört, unter Deck. Nach einer Weile erschien unser Zimmermann auf der Leiter am Heck. Er trug ein leeres Holzfäßchen von der Art, in der mancher Schiffsproviant verpackt wird. Ich sagte überrascht: »Was fällt denn dir ein, daß du so ein Ding heraufschleppst, Chips?«

»Befehl vom Capt'n, Sir«, gab er kurz Auskunft.

Ich wollte ihn nicht länger ausfragen, und so wechselten wir lediglich Weihnachtsgrüße. Er ging weiter. Der nächste, der mich ansprach, war der Steward. Er rannte die Kajütentreppe herauf. »Haben Sie irgendwelche alten Zeitungen in Ihrer Kajüte, Sir?«

Wir hatten Sydney, N.S.W., vor achtzehn Tagen verlassen. Es gab einige alte Ausgaben des »Sydney Herald« und des »Telegraph« in meiner Kabine, dazu ein paar Blätter von daheim, die mit der letzten Post gekommen waren. »Warum fragen Sie, Steward?« wollte ich natürlich wissen.

»Der Captain hätte sie gern«, sagte er.

Noch immer verstand ich die Bedeutung dieser exzentrischen Vorgänge nicht. Ich war nur völlig verblüfft. Es wurde acht Uhr, bis wir das andere Schiff trafen, das ja nicht manövrieren konnte und sich irgendwie ziellos über die Heimat der Stürme bewegte. Lang davor wußte ich wegen der vielen Boote an Bord, daß es sich um einen Walfänger handelte. Er hatte die Stars and Stripes gehißt, die Signalflaggen stellten ihn als die *Alaska* vor, vor zwei Jahren aus New York ausgelaufen, östlich von Honolulu seit 215 Tagen auf See.

Wir kamen der *Alaska* bis auf hundert Yard näher. Als der Steward die Glocke zum Frühstück läutete, hielten der Captain und ich das Fäßchen hoch, so daß es die Fremden sehen konnten. Darin waren, gut verpackt in die alten Zeitungen, zwei Schachteln mit Feigen – zur Ehre des Tages. Wir warfen es weit hinaus über die Reeling. An Bord der *Alaska* winkte uns ein Mann mit Pelzmütze zu, ein zweiter, beschwipst von Whisky, rannte plötzlich los. Nie wieder erlebte ich, daß man ein Boot so schnell zu Wasser ließ wie nun. Das Südmeer transportierte die beiden Schiffe weiter wie ein Jongleur seine Bälle, und der mikroskopisch kleine Fleck, das Boot, kam plötzlich ins Spiel, wie aus dem Kanonenrohr abgeschossen. Der Yankee-Walfänger verlor keinen Augenblick, um sich das Weihnachtspräsent des Britischen Handelsschiffes zu sichern.

AUS: JOSEPH CONRAD (1857-1924), WEIHNACHTEN AUF HOHER SEE

Die Welt ist meine See,
Der Schiffmann Gottes Geist
Das Schiff mein Leib,
Die Seel ist's,
die nach Hause reist.

ANGELUS SILESIUS (1624-1677)

Die Geburt des Herrn

Das ist unser Fest, das feiern wir heute: das Kommen Gottes zu den Menschen, damit wir zu Gott kommen oder, besser gesagt, zu ihm zurückkehren …

Darum laßt uns das Fest nicht weltlich feiern, sondern göttlich, nicht irdisch, sondern überirdisch … Laßt uns nicht die Türen bekränzen und nicht Reigentänze aufführen, nicht die Straßen schmücken, nicht das Auge ergötzen, nicht das Ohr mit der Flöte vergnügen, nicht den Geruch verweichlichen, nicht dem Genuß frönen, nicht das Gefühl erfreuen. Laßt uns nicht üppig sein in weichlicher, ringsum herabwallender Kleidung, … nicht in glänzenden Steinen, nicht in strahlendem Gold … Laßt uns nicht mit Schmausereien und Trinkgelagen feiern … Solches wollen wir den Heiden überlassen und den heidnischen Festen und Feierlichkeiten. Wir aber, die das Wort anbeten und uns freuen sollen, wollen uns freuen im Wort, im göttlichen Gesetz und in Erzählungen, die zum heutigen Fest in Beziehung stehen, damit unsere Freude dem Feste angemessen sei und dem nicht fremd, der uns berufen hat.

Gregor von Nazianz (um 380)

Gemischte Gesellschaft

Ludwig ließ es sich nicht nehmen, das Haus der Cochrans selbst zu schmücken, wand Bittersüß um den Kaminsims im Salon, steckte Tannenzweige hinter die Bilderrahmen und stellte seinen Christbaum zwischen Klavier und Vorderfenster auf. Sally überredete er, ihre Bedenken in den Wind zu schlagen und Popcorn und Moosbeeren auf eine Schnur zu reihen, die als Zierkette an den Baum gehängt wurden ... Zum erstenmal in ihrem Leben wurde Mrs. Cochran bei einem Fest, das in ihrem Hause stattfinden sollte, kaum zu Rate gezogen. Die Idee mit den Kerzen gefiel ihr ganz und gar nicht, aber Ludwig versprach, sie auszublasen, sobald die Gesellschaft den Baum bewundert habe. Zu diesem Zweck bezog er neben dem Klavier Stellung, als Sallys Gäste eintrafen; begeistert schüttelte er jedem die Hand, der angesichts der erleuchteten Fichte vor dem wirkungsvoll dunklen Hintergrund in Bewunderungsrufe ausbrach. Sally hatte befürchtet, die Damen könnten ein solches Abrücken von der Tradition Waynesboros alles andere als wohlwollend aufnehmen; doch selbst die strengste Vertreterin der Reformierten Presbyterianischen Gemeinde, nämlich Amandas Mutter, blickte nur anfangs verdutzt drein und tat dann, als bemerke sie dieses Zeugnis heidnischen Brauchtums gar nicht ...

Der Tisch im Speisezimmer der Cochrans war zu seiner vollen Länge ausgezogen. Ein wenig beengt zwar und mit angewinkelten Ellbogen fand immerhin die ganze Gesellschaft daran Platz. Das Festmahl bestand aus gebackenem Schinken, kandierten Süßkartoffeln, gefüllter Pastete und Windbeuteln. Es war eine merkwürdig gemischte Gesellschaft, die sich zu diesem Mitternachtsschmaus zusammengefunden hatte. Miß Pinney und Miß Crenshaw wirkten armselig und unscheinbar, und nichts konnte über diesen Eindruck hinwegtäuschen ...

Mrs. Lowrey war schlampig und nachlässig gekleidet, aber ihr scharfsinniger und lebhafter Geist ließen derlei äußere Mängel vergessen; zu jeder Zeit und an jedem Ort verschaffte ihre Persönlichkeit sich Geltung. Die Damen Ballard waren in steifen, kostbaren Gewändern erschienen ... Einzig Sally war wie

eine Prinzessin ausstaffiert: Die weißen Arme und Schultern waren entblößt, das goldene Haar ringelte sich teils in anmutigen Locken in den Nacken, teils türmte es sich in schweren Flechten auf ihrem Kopf; ihr Granatschmuck – Ohrgehänge, Halskette und Armbänder – funkelte im Kerzenschein, während sie sich bald diesem, bald jenem ihrer Tischnachbarn zuwandte. Doch wie sehr diese Frauen sich auch im einen oder anderen Fall voneinander unterscheiden mochten, seltsamerweise verkehrten sie völlig unbefangen miteinander.

AUS: HELEN HOOVEN SANTMYER (GEB. 1895),
... UND DAMEN DES KLUBS

Zwischen zwölf und ein Uhr

Dieses Tönen war feierlich, grauenhaft, kam vom Roßstalle her, und daraus wickelten sich folgende Worte hervor:

»Zwölfe hat's vom Turm geklungen.
Brüder, Schwestern, auf, erwacht!
Seht die Bande unsrer Zungen
Sind mit einem Riß zersprungen
Vor der unsichtbaren Macht,
Der die Engel einst gesungen
In der Christen Heil'gen Nacht!
Auf, erwacht!«

Da fiel mir ein aus meiner Jugend her, daß die Tiere in der Heiligen Nacht eine Stunde sollten reden können. Ich hätte es längst nicht mehr geglaubt, nebst noch vielem andern nicht, und jetzt auf der obersten Stufe der Aufklärung sollte mir so etwas begegnen …

Aber leben möchte ich noch ein Jahr, um zu vernehmen, wie und was die Kühe und Hühner sprechen. Ein Mann wie ich muß alles wissen, und eines jeden Geschöpfes Stimmung sollte er kennen.

Aus: Jeremias Gotthelf (1797–1854), Merkwürdige Reden

Unterm Mistelzweig

Es war ein Abend, sternlos, grau und feucht,
Gleichgültig zog der Wind am Strom entlang,
Und wieder trennen sollte uns der Gang,
Zu dem ich dir so still den Arm gereicht.
O Welt, wie anteillos und doch voll Klang,
O Herz, wie oft getäuscht und nicht gebeugt!
Der Tag, auf den du warst vertröstet, weicht
Und hat verscherzt der Hoffnung ernsten Drang.
Wir schieden schon – da drückt sich Hand in Hand,
Wir beide ziehn im Glückstopf gleiches Los,
Uns eint auf freier Straß ein freies Band.
Daß ich die Hand nun nimmer lasse los,
Das macht des Steines Sinnbild dir bekannt,
Der Ring sei nicht zu klein und nicht zu groß.

Achim von Arnim (1781-1831) an Bettina Brentano,
mit der er sich am 4.12.1810 in Berlin auf offener Strasse
heimlich und am Heiligen Abend offiziell
im Kreise der Familie verlobte.

EINE TANZPARTY

Alle Gäste waren versammelt, und die Party hatte jenen Punkt erreicht, den eine Party in einer Gesellschaft auf dem Land um zehn Uhr so hat. Um diese Stunde hörte man, wie eine Geige in der hinteren Speisekammer gestimmt wurde.

»Das ist Dick«, sagte der Gastgeber. »Der Junge ist verrückt nach einem Tänzchen.«

»Dick! Also wirklich, ich kann nicht. Ich kann wirklich nicht erlauben, daß jemand tanzt, bevor das Christfest vorüber ist,« sagte der alte William mit Nachdruck. »Wenn es zwölf geschlagen hat, dann könnt ihr meinetwegen tanzen, soviel ihr Lust habt.«

»Nun, ich finde, da steckt was dahinter«, sagte Mrs. Penny. »Wenn man eine Party in der Christnacht feiert, dann ist es nur recht, auch die Kirche von England zu ehren und eine Sitzparty zu machen. Tanzpartys sind ja ganz hübsch wegen diesem und jenem und allerlei; aber eine Tanzparty ist doch ein wenig verdächtig. O ja; wartet, bis die Glocke schlägt, ihr junges Volk, das sage ich.«

Da geschah es, daß ein Glas zuviel vom heißen Met Mr. Spinks in den Kopf stieg.

»Tanzen«, sagte er, »ist eine sehr stärkende, belebende und höfliche Bewegungsart, besonders wenn man etwas von diesem Gebräu genossen hat. Tanzen ist gut. Aber warum sollte man die Gesetze verletzen, Richard und Reuben, und die ganze verehrte Gesellschaft. Warum, frage ich, sollte man so weit gehen?«

»Nichts vor zwölf Uhr«, sagte William.

Obwohl Reuben und seine Frau die gesellschaftlichen Belange regelten, entschied die religiösen der alte Mann, dessen Geschick in solchen Fragen eine gewisse Schwäche in Alltagsdingen ausglich. Die Hoffnungen der jüngeren Familienmitglieder wurden daher noch um eine Stunde und 45 Minuten zurückgestellt – eine Entscheidung, die ihren sichtbaren Ausdruck in unruhigen Blicken und dem Singen von Liedern in der Zwischenzeit fand.

Fünf Minuten vor Mitternacht hörte man wieder das leise Stimmen der Geige. Kaum war der letzte Glockenschlag erklungen, erschien Dick auf der Bildfläche, und die Musiker zogen alle Register; der alte William nahm die Baßgeige von der Wand und griff so unchristlich in die Seiten, wie man es sich nur wünschen mochte.

AUS: THOMAS HARDY (1840-1928),
UNDER THE GREENWOOD TREE

benedicent te glori
am regni tui dicent

Alleluya.

Christnacht

Wieder mit Flügeln, aus Sternen gewoben,
Senkst du herab dich, o Heilige Nacht;
Was durch Jahrhunderte alles zerstoben,
Du noch bewahrst deine leuchtende Pracht!

Ging auch der Welt schon der Heiland verloren,
Der sich dem Dunkel der Zeiten entrang,
Wird er doch immer aufs neue geboren,
Nahst du, Geweihte, dem irdischen Drang.

Selig durchschauernd kindliche Herzen,
Bist Du des Glaubens süßester Rest;
Fröhlich begangen bei flammenden Kerzen,
Bist du das schönste, menschlichste Fest.

Ferdinand von Saar (1833-1906)

ꕥ DREIKÖNIGSTAG ꕥ

Durch die Nacht drei Wandrer ziehn,
Um die Stirnen Purpurbinden,
Tiefgebräunt von heißen Winden
Und der langen Reise Mühn.
Durch der Palmen säuselnd Grün
Folgt der Diener Schar von weitem;
Von der Dromedare Seiten
Goldene Kleinode glühn,
Wie sie klirrend vorwärts schreiten,
Süße Wohlgerüche fliehn.

Finsternis hüllt schwarz und dicht,
Was die Gegend mag enthalten;
Riesig drohen die Gestalten:
Wandrer, fürchtet ihr euch nicht?
Doch ob tausend Schleier flicht
Los und leicht die Wolkenaue:
Siegreich durch das zarte Graue
Sich ein funkelnd Sternlein bricht.
Langsam wallt es durch das Blaue,
Und der Zug folgt seinem Licht.

Horch, die Diener flüstern leis:
»Will noch nicht die Stadt erscheinen
Mit den Tempeln und den Hainen,
Sie, der schweren Mühe Preis?
Ob die Wüste brannte heiß,
Ob die Nattern uns umschlangen,
Uns die Tiger nachgegangen,
Ob der Glutwind dörrt' den Schweiß:
Augen an den Gaben hangen
Für den König, stark und weis'.«

Sonder Sorge, sonder Acht,
Wie drei stille Monde ziehen
Um des Sonnensternes Glühen,
Ziehn die Dreie durch die Nacht ...
Schaun sie still auf jene Macht,
Die sie sicher wird bedecken,
Die den Stern hat angefacht.

O ihr hohen heilgen Drei!
In der Finsternis geboren,
Hat euch kaum ein Strahl erkoren,
Und ihr folgt so fromm und treu!

Aus: Annette von Droste-Hülshoff (1797-1748),
Am Feste der Heiligen Drei Könige

Der schlimme Winter

Nach grüner Farb mein Herz verlangt
In dieser trüben Zeit,
Der grimmig Winter währt so lang,
Der Weg ist mir verschneit.

Volkslied aus dem 15. Jh.

Es grenzte ans Wunderbare, wieviel Schnee innerhalb von nur rund acht Stunden gefallen war. Denn einer von Master Stickles Leuten, der die ganze Nacht über draußen war, sagte, der Schnee falle immer erst ab Mitternacht. Da lag er, blokkierte die Türen, verschüttete die Wege und die Bäche. Nirgends kam man voran, außer in frischgeschaufelten Schneisen. Dennoch kämpften wir uns durch: ich zuerst, dann die anderen. Am meisten ächzte John Fry, sein Stündlein hätte geschlagen, so bejammerte er seine Frau und seine Kinder. Und es schneite heftiger als je zuvor, solange wir zurückdenken konnten. Der Himmel entlud seine ganze Fracht auf uns. Die Flocken waren zwar nicht groß; ich habe im März schon größere erlebt beim Erbsensäen. Doch hier war kein Platz mehr zwischen den Flocken, kein bißchen Luft.

Watch folgte uns ganz munter, wie sich das für einen guten und treuen Hund gehört, sprang wieder aus den Schneemassen, die ihm schon über Rücken und Ohren reichten, sogar an ebenen Stellen. In den Schneeverwehungen wäre er wohl ganz verschwunden. Trotzdem halfen wir ihm von Zeit zu Zeit, besonders an den Gattern und Torwegen. Und so erreichten wir nach allerhand Gestolper, einigem Gelächter und ein bißchen Gefluche sicher die tieferen Weiden, wo der größte Teil unserer Herde eingepfercht war.

Doch sieh da – da gab es nirgends eine Herde zu sehen! Nichts, außer in einer Ecke des Feldes, nahe dem östlichen Ende, wo der Schnee hereinwehte, eine große weiße Woge, hoch wie eine Scheune und breit wie ein Haus. Dieser große Haufen war voller Bewegung und Strudeln, widerstrebte den gewaltigen Windstößen, bildete Büschel und kräuselte sich wie rauschende Wasserwirbel und formte sich, wo der Wind wie ein Meißel hin-

einfuhr, zu Ornamenten wie an barocken Gesimsen. Immer und immer wieder löste der Sturm kleine Wölkchen von den Rändern, drehte sie herum und ließ sie über das ungeheure Kissen tanzen, um sie dann fallenzulassen wie Heringsgerippe, oder Sandhäufchen bei Ebbe. Und die ganze Zeit kamen aus dem Himmel, wie um uns zu ersticken, bei jedem Windstoß wilder, diese unbarmherzigen Pfeile, mit einem Gefieder aus düsterem Weiß und Spitzen aus Frost.

Für Leute, die keine Schafe besaßen, mochte die Aussicht (soweit das Wetter noch eine Aussicht zuließ), berückend sein. Doch für uns, deren Herde dort war, hatte dieser große Berg wenig Reize. Watch scharrte sofort daran, und bellte die Seiten an. Er wußte, daß seine Schützlinge darunter begraben waren, und daß er arbeitslos war. Aber wir vier Männer strengten uns an auf Teufel komm raus, gruben und schaufelten und verfrachteten den großen weißen Haufen auf die Wiese. Jeder grub sich eine Höhle, löffelte aus dem weichen, kalten Fluß, was ging, gegen den Rückstrom, und warf alles hinter sich. Schließlich bohrten wir unsere Tunnel hinein (denn wir kämpften buchstäblich um unser Leben), und alle liefen zur Mitte hin. Wir hielten die Schaufeln still und lauschten.

AUS: R. D. BLACKMORE (1825-1900), LORNA DOONE

WINTERSZEIT

Was doch für eine Menge Schnee in der Welt ist! Hier soviel Schnee! und in Rußland! und in Amerika! und auf unsern Bergen! Und dabei müssen die armen Leute ins Holz gehen, den Tag über in Schnee und Frost herumlaufen nach wenigen dürren Reisern, nur damit sie am Abend sich und ihren Kindern die Stube wärmen und die Kartoffeln kochen können.

Am Nordpole, hinter Petersburg, liegt gar im Sommer und Winter hoher Schnee, und in den Hundstagen treiben da in der See Eisschollen, die so groß sind wie das größte Bauerngut und ewig nicht auftauen ... Auf der andern Seite über Italien hinaus, unter dem Gleicher brennt die Sonne das ganze Jahr hindurch, daß man sich die Fußsohlen versengt, und dort ist niemals Winter ... Nicht wahr, Kind, das ist doch recht wunderbar!

MATTHIAS CLAUDIUS (1740-1815)

Zeit zum Nachdenken

Lelant Hotel, Lelant (Cornwall)
26. Dezember (1909)

Mein lieber Clive,

Es ist schon neun Uhr vorbei, und es singen immer noch Leute Weihnachtslieder draußen vor meinem Fenster, das offensteht für die milde Nacht. Ich befinde mich an einer Wegkreuzung, im Zentrum des Dorflebens. Die jungen Männer verbringen die meiste Zeit des Tages damit, an der Mauer zu lehnen und manchmal auszuspucken. Unzählige Lieder und Choräle ertönen aus den Scheunen und Haustüren. Etliche Fenster mit reiferen Damen dahinter sind rot und gelb und viele Liebespaare spazieren die Straße rauf und runter. Dann gibt es das (»Godrevy«) Kasino, das ich wie durch Milchglas sehe, und dann eine graue Untiefe, wo das Meer ist. Weder Mond noch Sterne, nur die sanfte Luft, und man sieht Bäume neben der Straße, und die Silhouette aller Gegenstände ohne Einzelheiten. Niemand scheint sich ins Bett zu sehnen. Sie bewegen sich ziellos im Kreis. Ist das jetzt überall so in den Dörfern? Nach dem Abendessen hat man eine angenehme Zeit. Man fühlt sich zu Gesprächen aufgelegt, wenn man am Kamin sitzt, erinnert sich, wie man am Nachmittag im Nebel den Tren-Crom-Berg hinaufstapfte, auf der Granitplatte saß und übers Land schaute, während einem Regentropfen auf die Haut fielen. Es gibt dort, wenn Du Dich erinnerst, Felsen wie schlafende Kamele, und Torwege von Granit, durch die sich der Feldweg zwängt. Es macht Vergnügen, über alles nachdenken zu können …

Virginia Woolf (1882-1941) an Clive Bell,
aus: Briefe 1888-1912

Die Eisfahrer

Wir tanzen, wir schweben auf tönendem Meer,
Auf Silberkristallen dahin und daher:
Der Stahl ist uns Fittig, der Himmel das Dach,
Die Lüfte sind eilig und schweben uns nach.
So gleiten wir, Brüder! mit fröhlichem Sinn
Auf eherner Tiefe durchs Leben dahin.

Wer wölbte dich oben, du goldenes Haus
Und legte den Boden mit Demant uns aus?
Und gab uns den flüchtigen Funken im Stahl,
Zu tanzen, zu schweben im himmlischen Saal?
So schweben wir, Brüder! mit fröhlichem Sinn
Im himmlischen Saale durchs Leben dahin.

Da stand sie, die Sonne, in Düfte gehüllt,
Da rauchen die Berge, da zittert ihr Bild;
Da schwebte sie nieder, und siehe, der Mond,
Wie silbern er über und unter uns wohnt!
So wallen wir, Brüder! mit fröhlichem Sinn
Durch Mond und durch Sonne des Lebens dahin.

Seht auf nun, da brennen im himmlischen Meer
Die Funken, und brennen im Frost um uns her;
Der oben den Himmel mit Sonnen besteckt
Hat's unten mit Blumen des Frostes gedeckt.
Wir gleiten, o Brüder! mit fröhlichem Sinn
Auf Sternen-Gefilden durchs Leben dahin.

Er schuf uns geräumig den luftigen Saal,
Und gab uns in Nöten die Füße von Stahl,
Und gab uns im Froste des wärmende Herz,
Zu steh'n auf den Fluten, zu schweben im Scherz.
Wir streben, o Brüder! mit ehernem Sinn
Auf Fluten und Abgrund durchs Leben dahin.

JOHANN GOTTFRIED HERDER (1744–1803)

»Das Brechen des Eises
und das Ertrinken gehört
nicht zur Übung selbst,
es ist die Folge der
mangelhaften Aufsicht,
die wir der Jugend
angedeihen lassen.«

AUS: DER EISLAUF …
TASCHENBUCH
FÜR JUNG UND ALT.
NÜRNBERG, 1825

Ruft's, Glocken

Ruft's, Glocken, an den Himmel hoch,
Ruft's Wolken zu und auch dem Licht: Habt Wacht,
Wenn's alte Jahr stirbt heute nacht!
Will es auch nicht, so muß es doch.

Ruft fort das Alte, ruft zum Neuen Jahre,
Ruft's, Glocken, hinaus übern Schnee.
Das Jahr vergeht, schickt's weg ohn' Ach und Weh.
Ruft fort das Falsche, ruft herein das Wahre!

Ruft's fort samt allen alten Plagen,
Ruft's fort samt aller nied'ren Gier nach Geld,
Ruft's fort samt allen Kriegen dieser Welt,
Ruft uns herein endlose Zahl von Friedenstagen!

Ruft Menschen her, die mutvoll sind und frei,
Das große Herz, die Freundeshand,
Ruft fort das Dunkel aus dem Land,
Ruft wieder Christus uns herbei!

Alfred Lord Tennyson (1809-1892)

GEDANKEN NACH NEUJAHR

Soweit gut und schön. Nun müssen wir den Baum abräumen, den Schmuck wieder in seine Pappschachteln zurücklegen – einiges ging kaputt – und auf den Dachboden hinauftragen. Stechpalmen und Mistelzweige sind abzunehmen und zu verbrennen, die Kinder für die Schule herzurichten. Es ist noch genug an Speiseresten da zum Aufwärmen für den Rest der Woche. Nicht daß wir großen Appetit hätten, nach dem vielen Alkohol, nach dem langen Aufbleiben und dem – ziemlich erfolglosen – Versuch, unsere Verwandtschaft zu lieben. Wir haben im ganzen unsere Kräfte stark überschätzt … Das Christfest ist bereits eine verblassende Erinnerung, man beginnt schon allmählich eine unangenehme Ahnung zu spüren, eine dumpfe Besorgnis beim Gedanken an die Fastenzeit, an den Karfreitag, die schließlich nicht mehr sehr weit weg sein können.

WYSTAN HUGH AUDEN (1907-1973)

ꟷ Bildnachweis ꟷ

Bridgeman Art Library:
S. 1 Weihnachtsmann mit Rentier und Schlitten (anon.), Privatsammlung; S. 5 Viktorianische Weihnachtskarte (anon.); S. 8 Gerard Portielje: Gute Ernte, Privatsammlung; S. 9 Winterszene (anon.); S. 10-11 Walter Dendy Sadler: Daheim ist daheim, Privatsammlung; S. 14 Weihnachtskarte (anon.), Privatsammlung; S. 33 Petrus van Schendel: Der Geflügelhändler, Christie's London; S. 39 Sir Henry Raeburn: Reverend Robert Walker beim Eislaufen, Schottische Nationalgalerie Edinburgh; S. 40 Sandro Botticelli: Die Heilige Nacht (Ausschnitt), Nationalgalerie London; S. 41 Adolf Eberle: Zufriedenheit, Galerie Josef Mensing, Hamm-Rhynern; S. 44 Jacob Ochtervelt: Die Austern, Sammlung Harold Samuel Corp., London; S. 46-47 Kaiser Napoleon III. mit Kaiserin Eugenie und dem Hofstaat im Bois de Bologne (anon.), Sammlung Christopher Forbes; S. 51 Gerrit Van Honthorst: Die Geburt, Uffizien, Florenz; S. 54 Weihnachtsnaschereien (anon.), Privatsammlung; S. 55 C. Hansen: Meine jüngeren Schwestern, Nordisches Museum; S. 57 Karl Rogers: Weihnachtsmann und Kinder, Victoria und Albert Museum London; S. 61 Sophie Anderson: Truthahn zu Weihnachten, Privatsammlung; S. 63 Robert Braithwaite Martineau: Der Weihnachtsbraten, Privatsammlung; S. 65 Adriaen Pietersz van de Venne: Schlittschuhläufer, Galerie Johnny van Haeften, London; S. 69, 71 Albert Chevalier Taylor: Der Weihnachtsbaum, Galerie Alexander London; S. 73 Viggo Johansen: Frohe Weihnachten! Sammlung Hirsch Sprungske, Kopenhagen; S. 76 William Small: Weihnachtsmorgen auf dem Mastbaum, Privatsammlung; S. 78 Es lebe die Navy! (anon.), Privatsammlung; S. 81 Paul Chablas: An der Ecke der Tafel, Musée des Beaux Arts, Tourcoing/Giraudon; S. 89 Antonio Allegri gen. Corregio: Die Madonna betet das Kind an, Uffizien, Florenz; S. 90 Benozzo Gozzoli: Der Zug der Weisen aus dem Morgenland, Palazzo Medici-Riccardi, Florenz; S. 92-93 Andrea Mantegna: Die Heiligen Drei Könige, Privatsammlung; S. 95 Joseph Farquharson: Sonnenuntergang im Winter, Kunstgalerie und Museum Towneley Hall, Burnley; S. 97 William Stone: Karren mit Stechpalmen, Fine Art Investments, London; S. 98 Caroline F. Williams: Ein Winterabend, Oscar und Peter Johnson Ltd., London; S. 105 a Jan Van de Capelle: Landschaft mit zugefrorenem Fluß, Privatsammlung; S. 107 Jules Emile Saintin: Die Genesende.
Fine Art Photographic Library:
S. 2 Der Weihnachtsmann füllt die Strümpfe (anon.); S. 3 George Sheridan Knowles: Weihnachten; S. 7 Weihnachtsträume am Kamin (anon.); S. 13 Augustus E. Mulready: Echos der Lustbarkeiten; S. 15 J. H. Parkyn: Der Versuchung widerstehen draußen vorm »Punch Bowl«-Pub; S. 16 Jan Mari Ten Kate: Schulkinder spielen im Schnee; S. 17 Sternsinger (anon.);

S. 18-19 William M. Spittle: Frohe Botschaft; S. 22-23 John Calcott Horsley R. A.: Entdeckt! S. 24 Jean Mayne: Die große Schneekugel; S. 25 Hermann Sondermann: Der erste Schnee; S. 26-27 Frederick Marianus Kruseman: Treffen im Schnee; S. 28 Fröhliches Fest! (anon.); S. 29 Thomas Benjamin Kennington: Der Spielwarenladen; S. 30 Ein geschäftiger Abend, Westminster Bridge und Parlament (anon.); S. 34 W. Ashwood: Londoner Straße im Winter 1907; S. 35 Ludgate Hill und St. Paul's Kathedrale (anon.); S. 36-37 Erik Henningsen: Kopenhagen, Ostergade an Weihnachten 1890; S. 48 Der Nikolaus kommt (anon.); S. 49 Der Weihnachtsmann (anon.); S. 53 Otto Haslund: Weihnachten (Sohn des Künstlers im Atelier); S. 56 Walter Anderson: Weihnachtsabend; S. 66-67 Walter Dendy Sadler: Der Punschtopf; S. 68 Fröhliche Weihnachten (anon.); S. 83 Edward Frederick Brewtnall: Unter dem Mistelzweig; S. 84 Die Austernesser (Johann Peter Hasenclever zugeschrieben); S. 85 Eugenio Zampighi: Tanz zur Fiedel; S. 88 Charles Theodore Frère: Die Fähre; S. 96 Mabel F. Messer: Schafherde im Schnee; S. 100 Frank Dadd: Winterfreuden; S. 101 Die Schneeballschlacht (anon.); S. 102-103 John Ritchie: Eislauf im St. James Park; S. 104 Engel singen auf den Feldern (anon.); S. 106 Ankunft in der Herberge (anon.).

Delaware Art Museum:

S. 79 Dante Gabriel Rossetti: Hesterna Rosa, Stiftung Samuel & Mary R. Bancroft.

Collins Publishers:

S. 82 Margaret Tempest: Illustration zu »The Kissing Bunch«.

e.t. Archive:

S. 6 Rosina Emmet: Weihnachtskarte von 1890, Victoria und Albert Museum, London.

Illustrated London News Picture Library:

S. 110-111.

Mary Evans Picture Library:

S. 20 Lizzie Mack: Ein Märchen mit Weihnachtsbaum; S. 60 Zubereitung des Weihnachtspuddings (anon.); S. 72 Thomas Crane: Der Weihnachtskuchen; S. 74 Kinder wetteifern um Süßigkeiten (anon.); S. 75 St. Clair Simmonds: Blinde Kuh.

Sonia Halliday and Laura Lushington:

S. 50 Edward Burne-Jones: Das Katharinen-Fenster der Christ-Kirche zu Oxford.

The Marquess of Bath, Longleat House:

S. 58-59 Hans Eworth: William Brooke, 10ter Earl of Cobham, mit Familie.

The National Gallery London:

S. 43 Leonardo da Vinci: Maria in der Felsengrotte (Ausschnitt).

Tate Galerie London:

S. 86-87 Thomas Gotch: Halleluja!

PENHALIGON'S WINTERGARTEN

Das Weihnachtsbuch der »Duftenden Bibliothek« ist mit dem »Wintergarten« parfümiert. Dieser Duft wurde eigens für Herbst und Weihnachten zusammengestellt, wenn der Garten keine frischen Blumen mehr verschenkt. Etwas Gewürznelke, ein Hauch von Zimt und ein wenig Tannenduft – was könnte besser zu Abenden mit Punsch und Lebkuchen vorm Kamin passen und eine festliche Stimmung schaffen?

TEXTNACHWEIS

S. 30-31 Weihnachtszeit: © John Betjeman, mit freundlicher Genehmigung von Curtis Brown Ltd.; S. 68-69 Weihnachtsfreuden, aus: Francis McManus, Das Familienporträt, in: Irische Weihnacht, hrsg. u. übertr. v. Elisabeth Schnack, © Verlag Die Arche AG, Zürich 1977; S. 80-81 Gemischte Gesellschaft, aus: Helen Hooven Santmyer, ... Und Damen des Clubs, aus d. Amerikan. v. Christa Seibicke u. Hans J. Jacobs, © Moewig, Rastatt 1986; S. 84-85 Eine Tanzparty, aus: Under the Greenwood Tree, London, Macmillan, 1958; S. 99 Zeit zum Nachdenken, aus: Virginia Woolf, The Flight of the Mind. The Letters of Virginia Woolf, Vol. 1, 1888-1912, © Harcourt Brace Jovanovich, New York 1975; S. 106 Gedanken nach Neujahr, aus: Hier und jetzt. Ein Weihnachtsoratorium. Ins Deutsche übertr. v. Gerhard Fritsch, © Otto Müller Verlag Salzburg 1961.

Deutsche Textfassung: Angelika Koller

Die englische Originalausgabe erschien unter dem Titel:
Penhaligon's Scented Treasury of Verse and Prose: Christmas
bei Pavilion Books Ltd., London

Umschlagbild: Viggo Johansen: Frohe Weihnacht,
Hirsch Sprungske Sammlung, Kopenhagen
Textauswahl und Einleitung: © 1989 by Sheila Pickles
Gestaltung: Bernard Higton
Bildauswahl: Lynda Marshall

Printed and bound in China

ISBN 3-7607-1153-7